Ulf Stark
Als Vaters Waschmaschine streikte

Ulf Stark

Als Vaters Waschmaschine streikte

Mit Illustrationen von
Pija Lindenbaum

CARLSEN

Aus dem Schwedischen
von Birgitta Kicherer

Limitierte Sonderausgabe
Alle deutschen Rechte bei Carlsen Verlag GmbH,
Hamburg, 1990, 1999
Originaltextcopyright: © by Ulf Stark 1987
Originalbildcopyright: © by Pija Lindenbaum 1987
Originalverlag: Bonniers Junior Förlag AB, Stockholm
Originaltitel: SIXTEN
Umschlagillustration: Heribert Schulmeyer
Umschlagtypographie: Doris. K. Künster
Satz: Dörlemann Satz, Lemförde
Druck und Bindearbeiten: Pustet, Regensburg
ISBN 3-551-55202-9
Printed in Germany

Inhalt

Ein Bus in der Nacht

Sixten liegt in seinem Bett und schläft.

Es ist dunkel und still. Der Mond scheint auf das grüne Haus, in dem Sixten wohnt.

Da läutet das Telefon. Es läutet und läutet, bis Sixten endlich aufwacht. Er schlüpft aus dem Bett und rennt durch die dunkle Wohnung. Das Telefon steht nämlich in der Küche.

»Hallo«, schnauft Sixten, als er beim Telefon angekommen ist und abgehoben hat.

»Hallo«, sagt eine Stimme im Hörer. »Ich bin's!«

»Ich weiß«, sagt Sixten.

Klar war es Papa. Wenn Papa nachts mit seinem Bus unterwegs ist, ruft er oft an. Jetzt hat er also wieder einmal vor einer Telefonzelle angehalten, um mit seinem Sohn zu sprechen.

»Schläfst du?«, fragt Papa.

»Nein«, sagt Sixten. »Hab ich aber.«

»Dann spielst du jetzt also nicht mit Streichhölzern?«

Wenn Papa in seinem Bus am Lenkrad sitzt, kriegt er manchmal solche Ideen. Und dann muss er anrufen. Sixten ist nämlich allein zu Hause. Und wer weiß, vielleicht steht das grüne Haus bereits in hellen Flammen und dicker Rauch quillt aus dem Küchenfenster. Oder vielleicht hat Sixten gerade in diesem Moment einen Schraubenzieher in die Steckdose gesteckt? Papa nimmt immer das Schlimmste an.

»Du brauchst dir keine Sorgen zu machen«, sagt Sixten.

»Ja, ja«, sagt Papa. »Du hast gut reden.«

Dann muss er wieder zu seinem Bus zurück, um weiter durch die Nacht zu fahren.

»Schlaf schön«, sagt Papa.

Aber Sixten kann lange nicht einschlafen. Er hat Papas Boxermantel angezogen und sich an den Küchentisch gesetzt; von dort aus kann er zum Fenster hinausschauen. Er sieht die Wolken, die vorbeigleiten. Und den Mond, der sich in den Autodächern auf dem Parkplatz spiegelt. Sixten liebt diese Nächte, wenn er allein zu Hause ist.

Sonnenschein und Wollsocken

Jetzt scheint die Sonne durchs Küchenfenster.

Sie scheint auf Sixten und Papa und auf den Kaktus, der auf dem Küchentisch steht. Sie scheint auch auf das Leberwurstbrot, das Sixten nicht mehr geschafft hat.

Heute ist der letzte richtige Schultag. Der letzte Tag vor der Abschlussfeier.

Sixten hofft, dass Papa nichts über seine Kleidung sagen wird.

Aber das tut er natürlich doch.

»So kannst du doch nicht gehen?«, sagt er.

»Wie?«, fragt Sixten.

»Mit diesen Kleidern«, sagt Papa.

»Warum nicht?«, möchte Sixten wissen. Er hat eine Skihose an, die viel zu eng ist. Dazu einen passenden Wollpulli. Und an den Füßen dicke Wollsocken.

Frieren muss er so bestimmt nicht.

»Aber Sixten, es ist doch Sommer!«, sagt Papa.

»Die anderen werden dich auslachen! Sie werden dich hänseln!«

»Mich hat noch nie jemand gehänselt«, erklärt Sixten. »Die anderen Kinder sind auch alle so angezogen!«

Papa schnaubt ungläubig. Das klingt, wie wenn man im Bus die Türen öffnet.

»Doch, bestimmt«, versichert Sixten.

Er bringt es einfach nicht fertig, Papa zu sagen, wie es sich wirklich verhält: dass er den ganzen Morgen nach Kleidern gesucht hat und dass das hier die einzigen sauberen Sachen waren. Die Waschmaschine hat den Geist aufgegeben; es gibt keine frischen Kleider mehr.

Papa hat noch keine Zeit gehabt, die Waschmaschine reparieren zu lassen. Oder er hat es vergessen. Seit Mama weggezogen ist, gibt es viele Dinge, die Papa vergisst.

Als Papa kurz wegschaut, nutzt Sixten die Gelegenheit, das Leberwurstbrot verschwinden zu lassen. Er stopft es rasch in die Hosentasche.

Da endlich nickt Papa. »Von mir aus. Mach, was du willst. Bist du denn satt?«

»Proppensatt«, antwortet Sixten.
Papa umarmt ihn, bevor er geht.
Papa liebt es, Sixten zu umarmen.

Sixten kann sich prima verstellen. Als er über
den Parkplatz geht, tut er so, als wüsste er nicht,

dass Papa am Küchenfenster steht und hinter ihm herblickt. Er flattert mit den Armen und hüpft in seiner zu engen Hose vorwärts. Er tut so, als wäre er ein fröhliches kleines Känguru. Das alles macht er nur für Papa.

Ein stinkiger Kuhfladen

Im Klassenzimmer tut Sixten so, als wäre er unsichtbar.

Er sitzt in seiner Skihose und seinem dicken Pulli in der Bank und versucht sich einzubilden, dass niemand ihn sieht.

Vorhin in der Pause ist er den anderen aus dem Weg gegangen. Er ist auf der Toilette geblieben und hat Wasser aus dem Wasserhahn getrunken.

Noch hat niemand was gesagt.

Nicht mal Bobbo. Und dann sagen Arne und Mikael Burfors auch nichts, die drei halten nämlich immer zusammen.

Bald wird die Schulglocke läuten, bald darf Sixten nach Hause rennen. Sixten kann gut rennen.

»So, und jetzt üben wir das Lied ›Geh aus mein Herz und suche Freud in dieser schönen Sommerzeit‹«, sagt Frau Jansson und setzt sich ans Klavier.

Alle stehen auf und beginnen zu singen.

Es klingt wunderschön, findet Sixten. Frau Jansson ist ebenfalls wunderschön. Ihr Haar leuchtet in der Sonne. Sie trägt weiße Jeans und einen weißen Pulli und hat rot lackierte Fußnägel. Sie ist die hübscheste Lehrerin der Schule.

Aber plötzlich hört sie auf zu spielen.

Irgendwas stimmt nicht.

Es ist Bobbo! Bobbo singt sonst nie mit. Aber jetzt singt er so laut, dass alle anderen verstummen. Alle bis auf Arne und Mikael Burfors. Die singen dasselbe wie Bobbo, nur etwas leiser.

»Leise rieselt der Schnee«, singen sie.

»Halt!«, ruft Frau Jansson. »Das Lied passt jetzt doch gar nicht!«

Da verstummen sie.

»So, passt das etwa nicht?«, sagt Bobbo. »Dann gucken Sie doch mal Sixten an!«

»Wieso?«, fragt die Lehrerin.

»Der hat ja Skizeug an!«, prustet Bobbo.

Da drehen alle sich um und gucken Sixten an. Sie sehen die Skihose, den Wollpulli und die Wollsocken. Und dann lachen sie, als hätten sie noch nie so was Komisches gesehen.

Bobbo hüpft auf und ab und klatscht sich auf die Knie.

Und Arne und Mikael Burfors machen es sofort nach.

Sixten wird es ganz heiß. Er geht zu Bobbo hin. »Du bist ein stinkiger Kuhfladen!«, faucht er.

Bobbo kann nur den Mund aufsperren. Das hat noch nie jemand zu ihm gesagt. Er ist der Stärkste in der Klasse. Seine Augen verengen sich zu zwei Schlitzen.

»Ha!«, sagt er dann. »Das wirst du noch bereuen. Und ob du das bereuen wirst! Mannomann!«

Mannomann!

Bobbo wird Mus aus ihm machen.

Sixten bleibt im Klassenzimmer, bis die anderen alle gegangen sind. Er fragt Frau Jansson, ob er ihr etwas tragen darf. Und da gibt sie ihm ihre rote Handtasche.

Vielleicht ist Bobbo inzwischen ja verschwunden. Er bleibt sonst auch nie nach Schulschluss da.

Sixten geht schweigend neben der Lehrerin her. Er geht so langsam wie möglich. Aber der Weg zum Lehrerzimmer ist nicht besonders lang.

»Vielen Dank«, sagt Frau Jansson. »Das war lieb von dir.«

Er reicht ihr die Handtasche. Die Tasche hat dieselbe Farbe wie die hochhackigen Schuhe der Lehrerin.

»Mach dir nichts aus Bobbo«, sagt sie und streicht ihm kurz über die Wange.

»Ach, der«, sagt Sixten. »Der ist mir doch schnuppe.« Er lächelt sie mit seinen neuen großen Zähnen an. Klar ist Bobbo ihm schnuppe! Wenigstens tut er so, als ob Bobbo ihm schnuppe wäre.

So kann's gehen

Bobbo ist nicht in der Schule geblieben.
Dafür wartet er draußen auf dem Schulhof auf Sixten. Hinter der Turnhalle.
Und Arne und Mikael Burfors stehen ebenfalls dort.
Zuerst sieht Sixten sie gar nicht, weil die Sonne ihm direkt ins Gesicht scheint.
Er hört die Vögel im Gebüsch pfeifen und glaubt immer noch, dass er davongekommen ist.
Da tritt Bobbo vor.
»So, und jetzt, mein Lieber!«, sagt er. »Jetzt gibt's was für den Kuhfladen!«
»Genau«, sagt Arne.
Dann fangen sie an Sixten zu vermöbeln.
Sixten fällt sofort um. Es ist wirklich keine Kunst, ihn umzuwerfen, er ist nämlich fast der Schwächste der Klasse. Und das, obwohl sein Papa früher mal Boxer war.
Da liegt er nun mit seiner Skihose und seinem Wollpulli. Er bleibt liegen, bis die drei keine Lust mehr haben, ihn zu verhauen.

»So kann's gehen«, sagt Bobbo und reibt seine Hand am Hosenbein ab.

»Genau«, sagt Arne.

Und dann ziehen sie endlich ab.

Sixten sieht, wie sie drüben beim Tabaksweg um die Ecke biegen. Da steht er auf.

Es tut gar nicht so schlimm weh. Und dass die Skihose kaputtgegangen ist, das macht nichts. Er hat sowieso nicht vor, sie in diesem Sommer noch mal anzuziehen.

Die dicke Lippe

Als Sixten heimkommt, liegt Papa noch im Bett. Immer, wenn er nachts seinen Bus gefahren hat, muss er tagsüber schlafen.

Sixten öffnet die Tür so vorsichtig wie möglich. Aber Papa wacht natürlich trotzdem auf.

»Bist du's, mein Junge?«, ruft er.

»Jaa«, antwortet Sixten.

»Na, wie war's in der Schule?«, fragt Papa.

»Gut«, sagt Sixten. »Schlaf ruhig weiter.«

Er möchte sich noch waschen, bevor Papa ihn sieht.

Er wirft einen raschen Blick in den Flurspiegel, um festzustellen, wie sein Gesicht aussieht. Der Spiegel hat einen Sprung. Als Papa und Sixten einmal mit einem Sofakissen Fußball spielten, ist der Spiegel runtergeplumpst. Jetzt sieht der ganze Sixten aus, als hätte er einen Sprung.

»Ich kann sowieso nicht schlafen«, brummt Papa.

Als er aus dem Schlafzimmer kommt, hält Sixten sich die Hände vors Gesicht.

»Was ist denn?«, fragt Papa. »Bist du traurig? Oder was ist los?«

»Nöö«, sagt Sixten.

Aber Papa ahnt trotzdem, dass irgendwas los ist. Er bückt sich, nimmt Sixtens Hände weg und schaut Sixten ins Gesicht.

»Du lieber Himmel!«, ruft er aus. »Wer hat das getan?« Er streicht mit seinem großen Zeigefinger über Sixtens Lippe.

»Niemand«, sagt Sixten. »Das ist doch gar nichts.«

»So, ist das gar nichts?«, sagt Papa. »Das ist doch eine dicke Lippe! Glaubst du etwa, ich erkenne keine dicke Lippe, wenn ich eine sehe?«

Das sagt er, weil er früher mal Boxer gewesen ist. Sixten lächelt, obwohl es wehtut. »Du hast bestimmt schon viele gehabt, oder?«, sagt er.

Aber Papa will jetzt nicht über seine Zeit als Boxer reden. Dazu ist er zu besorgt. Er hält Sixtens Kopf umfasst und wiegt ihn wie eine Puppe hin und her.

»Jemand hat dich geschlagen«, murmelt er, und es klingt fast, als würde er gleich anfangen zu heulen.

»Wovon redest du eigentlich?«, sagt Sixten.

»Kein Mensch hat mich geschlagen!«

»Was?«, sagt Papa.

»Wir haben doch bloß Fußball gespielt«, sagt Sixten.

»Fußball?«, fragt Papa. »Mit der Lippe? Machst du Witze?«

Aber Sixten macht keine Witze.

Er tut nur so, als ob.

Er erzählt, wie er im Tor gestanden hat. Er federt in den Knien, um zu zeigen, wie er stand, als der Ball kam. Und wie er sich dem Jungen, der angerast kam, direkt vor die Füße warf. Und wie der eine Fuß des Jungen ihn dabei an der Lippe traf.

»Hast du den Ball gehalten?«, fragt Papa. Jetzt lächelt er. Papa liebt Fußball.

»Na klar«, sagt Sixten. »Hätt ich ihn etwa durchlassen sollen?«

»Donnerwetter!«, sagt Papa.

Dann geht er mit Sixten ins Badezimmer, wo er

die dicke Lippe mit Biosept säubert. Und das brennt so sehr, dass Sixten Tränen in die Augen bekommt.

Im Badezimmer

Sixten hat sich im Badezimmer eingesperrt. Das ist ein guter Platz, da wird man in Ruhe gelassen. Inzwischen ist er aber schon so lange im Bad, dass Papa sich Sorgen macht.

»Hallo?«, ruft Papa. »Bist du da?«

Was glaubt er wohl? Dass Sixten sich im Klo runtergespült hat?

»Jaa«, antwortet Sixten.

»Was treibst du eigentlich?«, möchte Papa wissen. »Hast du Bauchweh? Hast du zu viel gegessen?«

Papa hatte ein Festessen gekocht: Würstchen, Spaghetti und Tomatenketchup. Das hat er getan, um Sixtens Meisterleistung im Tor zu feiern. Und die ganze Zeit musste Sixten erzählen, wie er diesen Ball aufgefangen und gehalten hat. Daher ist Sixten gar nicht dazu gekommen, allzu viel zu essen.

»Nein«, sagt er. »Ich wasch nur ein bisschen. Ein bisschen Wäsche. Die Waschmaschine ist ja kaputt. Die müsste repariert werden.«

»Natürlich, du hast ganz Recht!«, sagt Papa und entfernt sich von der Tür.

Und Sixten weiß, dass nichts daraus werden wird. Papa wird nicht anrufen und niemand wird kommen, um die Waschmaschine zu reparieren.

Sixten bereut es fast, dass er die Waschmaschine überhaupt erwähnt hat. Aber manchmal ist Papa ihm einfach zu anstrengend.

Seit Mama weggezogen ist, ist Sixten das Einzige, was Papa noch hat. Und es ist nicht gerade einfach, das Einzige zu sein, was jemand noch hat. Papa will immerzu mit Sixten zusammensein. Er will mit ihm Sportsendungen ansehen oder viele Kilometer auf dem Fahrrad fahren, um Kühe anzugucken.

Sixten steckt die Hände in die Badewanne, in der die Jeans, die Pullis, die Strümpfe und die Unterhosen liegen. Das warme Wasser ist ganz weich von den vielen Seifenflocken.

Danach muss er die Wäsche nur noch ausspülen und an der Leine unter der Decke aufhängen, wo Mama früher immer ihre Nylonstrümpfe zum Trocknen aufhing.

Sixten hofft, dass Papa bald zu seinem Bus muss. Dann kann er nämlich zu Jonte in die Nachbarwohnung rüberlaufen.

Bei Jonte braucht man nicht so zu tun als ob.

Papa braucht eine Frau

Jonte ist Sixtens bester Freund.

Jonte braucht man nicht viel zu erklären. Er versteht auch so, wie es ist, wenn man mit Skihosen in die Schule gehen muss. Und wie es ist, einen Papa wie Sixtens Papa zu haben.

»Pfui Kuckuck«, sagt Jonte nur, als Sixten erzählt hat, was los war.

Da fühlt Sixten sich gleich viel besser.

Jonte wohnt ebenfalls im grünen Haus. Er ist drei Jahre älter als Sixten. »Er braucht eine Frau«, sagt er.

»Wer?«, fragt Sixten.

»Dein Vater«, sagt Jonte.

»Eine Frau?«, ächzt Sixten.

»Ja, eine Frau«, sagt Jonte. »Dann käme er auf andere Gedanken!«

Sixten versucht sich vorzustellen, wie das wohl wäre. Dann würde Papa neben dieser Frau auf dem Sofa sitzen und die Sportschau angucken. Und Papa hätte noch jemanden außer Sixten, um den er sich kümmern müsste.

»Vielleicht«, sagt er. »Aber Papa will wahrscheinlich gar keine Frau haben. Er hat schon eine gehabt.«

»Bestimmt hat er nur noch nicht die richtige kennen gelernt«, sagt Jonte.

Jonte dreht am Globus, der auf dem Schreibtisch steht. Irgendwo auf der Erdkugel läuft eine Frau herum, die für Sixtens Papa die richtige ist. Aber wie soll er die finden?

»Das macht er nie«, sagt Sixten.

»Wir müssen ihm eben helfen«, meint Jonte.

»Aber wo kann man denn eine Frau auftreiben?«, fragt Sixten.

Auf diese Frage kann Jonte nur schnauben.

»Mensch«, schnaubt er. »Das wird uns schon noch einfallen!«

Aber an diesem Abend fällt es ihnen nicht mehr ein. Sie spielen lieber Monopoly. Und dann liest Jonte Sixten sein neuestes Gedicht vor. Jonte kann gut dichten. Er will Schriftsteller werden. Und das Gedicht ist das längste, das er bisher geschrieben hat. Es ist so

lang, dass Sixten danach nach Hause gehen
muss.
Er muss daheim sein, falls Papa anrufen sollte.

Bevor er einschläft, befühlt er die Kleider im Badezimmer, um festzustellen, ob sie trocken sind. Doch das sind sie nicht.

Papa will nicht tanzen

Papa steht während der Abschlussfeier neben Sixten.

Alle haben »Geh aus mein Herz und suche Freud« gesungen. Und die Lehrerin hat einen Blumenstrauß bekommen. Jetzt drückt sie die Blumen an die Bluse und lächelt mit ihren weißen Zähnen. »Hoffentlich habt ihr alle einen schönen Sommer«, sagt sie.

Dann ist es vorbei. Alle gehen nach vorn, um sich bei Frau Jansson zu bedanken.

Alle bis auf Bobbo. Bobbo zischt davon wie eine Rakete. Und da zischen Arne und Mikael Burfors ebenfalls davon.

»So, jetzt gehen wir vor und begrüßen Frau Jansson«, sagt Sixten. Er hat nämlich eine Idee.

Papa kennt Frau Jansson noch nicht. Sie ist erst in diesem Schuljahr in die Klasse gekommen, und vor der Feier haben sie sie auch nicht begrüßt. Papa und Sixten sind zu spät zur Abschlussfeier gekommen, weil Sixtens

Jeans noch nass war. Er musste sie mit dem Föhn trocknen.

»Guten Tag«, sagt jetzt Frau Jansson zu Papa.

»Guten Tag«, sagt Papa.

»Das hier ist mein Papa«, stellt Sixten vor.

»Hab ich mir fast gedacht«, sagt Frau Jansson.

»Meine Mama ist nicht mit dabei«, erklärt Sixten. »Papa und Mama sind nämlich geschieden. Deshalb lebt Papa jetzt allein. Nur mit mir.«

»Aha, soso«, sagt Frau Jansson.

Papa kriegt einen roten Kopf.

»Freut mich, Sie kennen zu lernen«, sagt er.

»Papa war mal Boxer«, sagt Sixten. »Und außerdem kann er gut tanzen.«

Da errötet Papa noch mehr.

Und Frau Jansson weiß nicht, was sie sagen soll.

»Tanzen Sie gern?«, fragt Sixten.

»Doch, an und für sich schon«, sagt Frau Jansson.

Sie lächelt. Und Sixten findet sie fast noch hübscher als sonst.

»Dann könntet ihr doch zusammen tanzen ge-
hen«, schlägt er vor. »Ich bleib gern allein da-
heim. Das macht mir nichts aus.«
Da zerrt Papa ihn am Arm.
Aber Frau Jansson lacht nur.
»Wirklich nicht«, versichert Sixten.
»So, jetzt müssen wir aber gehen«, sagt Papa.
»Entschuldigen Sie bitte!«
Er zieht Sixten mit sich in den Flur hin-
aus.
»Auf Wiedersehen!«, ruft Frau Jansson. »Auf
Wiedersehen, Sixten!«
Aber Papa dreht sich nicht einmal um. Und da
sieht Sixten ein, dass Papa Frau Jansson niemals
heiraten wird.

An diesem Abend sitzen Papa und Sixten
auf dem Sofa. Papa hat seinen Arm fest um Sixten gelegt. Heute Abend hat er frei. Sie schauen
sich im Fernsehen eine Sendung über Krabben-
fang an.
Aber Sixten guckt kaum hin. Er denkt daran,
wie es war, als er klein war und Papa und Mama
miteinander tanzten.

Papa ist nicht mehr sauer. Er hat den Arm um Sixten gelegt und lächelt die Krabben im Fernsehapparat an.

»Uns geht's doch gut, oder?«, sagt er. »Uns beiden geht's doch prima!«

Heiratsmarkt

Sixten steht in Jontes Zimmer. Er steht im Sonnenschein, der durchs Fenster hereinfällt, und wartet darauf, dass Jonte kommt.

Während er wartet, dreht er langsam am Globus. Wahrscheinlich gibt es nirgends jemanden, den Papa heiraten könnte.

Da taucht Jonte auf. Er hält eine Zeitung in der Hand. »Hier!«, keucht er. »Hier gibt es jede Menge!«

»Jede Menge was?«, fragt Sixten.

»Das wirst du gleich sehen!«, sagt Jonte.

Er schlägt die Zeitung auf und deutet mit dem Zeigefinger auf eine Seite. HEIRATS-MARKT steht da, wo er hinzeigt. Und daneben ist die Zeitungsseite voller kleiner Anzeigen.

»Sieh mal!«, sagt er. »Lauter Frauen! Da muss es doch eine für deinen Vater geben!«

Und Jonte hat Recht. Die ganze Seite ist voller Frauen, die Männer zum Heiraten suchen. Alle Sorten sind vertreten. Lange und ehrliche. Und solche, die braune Haare haben und gemütliche Abende zu zweit lieben.

»Du heiliger Strohsack!«, sagt Sixten. »Wollen die alle heiraten?«

»Genau das«, sagt Jonte. »Man braucht sich bloß die Passende auszusuchen und ihr einen Brief zu schreiben.«

Doch als Jonte das sagt, muss Sixten seufzen. »Das klappt nie«, sagt er.

»Warum sollte das nicht klappen?«, will Jonte wissen.

»Weil Papa nie schreiben wird.«

Doch das schert Jonte überhaupt nicht. Er lächelt nur vergnügt.

»Dein Papa soll doch gar nicht schreiben«, sagt er.

»Ach nein?«, sagt Sixten. »Und wer soll es sonst tun?«

»Wir«, erklärt Jonte. »Wir schreiben den Brief und tun so, als wäre er von deinem Papa!«

Da nickt Sixten. So tun als ob – das ist ja seine Stärke.

Wer die Wahl hat, hat die Qual.

Jonte liest laut aus der Zeitung vor. Er ist ungeduldig und möchte so schnell wie möglich mit dem Schreiben anfangen.

»Und die hier?«, fragt er.

Dann liest er die Anzeige einer alten Dame vor, die leidenschaftlich gern wandert. Sixten schüttelt den Kopf. Papa kann doch keine weißhaarige Tante in Wanderschuhen heiraten!

Also nimmt sich Jonte die nächste Anzeige vor. Diesmal ist es eine jüngere Dame mit Stil. Sie sucht einen adretten Herrn mit gutem Geschmack. Sixten weiß nicht, was adrett ist. Aber er glaubt kaum, dass diese Dame Papas Boxermantel schätzen würde.

»Nö«, sagt er. »Die auch nicht!«

Da wird Jonte sauer. »Dann such dir eben selbst eine aus!«, faucht er und wirft die Zeitung zu Sixten rüber.

Und Sixten entdeckt *sie* beinahe sofort.

Es ist eine ziemlich kleine Anzeige. Aber Sixten glaubt trotzdem, dass es die richtige ist. Folgendes steht drin:

*Hallo! Ich bin 35 und habe es langsam satt, mich
zu langweilen. Daher suche ich einen verrückten
Kerl, der mich zum Tanzen und zum Lachen
bringt. Antwort an WUSCHELKOPF.*

»Die!«, sagt Sixten. »Die nehmen wir!«

Jontes Brief

Jonte schreibt den Brief.

Er zieht an seinen krausen Haaren. Und er zupft an seinem Ohrläppchen. Ab und zu reißt er das Blatt aus der Maschine. Dann fängt er ein neues an und zupft noch mehr an seinem Ohrläppchen. Er hat die Schreibmaschine seiner Mutter ausgeliehen, damit WUSCHELKOPF nicht die Handschrift sieht. Dann würde sie nämlich wahrscheinlich merken, dass ein Kind den Brief geschrieben hat.

Es dauert ziemlich lange, bis Jonte die richtigen Tasten gefunden hat. Aber schließlich hat er es geschafft.

»Ungefähr so, vielleicht«, sagt er und reicht Sixten das Blatt Papier.

Vor Stolz hat er ganz rote Ohren.

Und es ist tatsächlich ein sehr guter Brief geworden.

Folgendes hat Jonte geschrieben:

Hallo, Wuschelkopf!
Ich will dich gerne kennen lernen. Auch ich langweile mich manchmal. Ich glaube, dass ich verrückt genug bin. Und Tanzen ist ein wunderbares Vergnügen. Meine Fußarbeit ist sehr gut. Früher habe ich mich dem Boxsport gewidmet. Jetzt bin ich Busfahrer. Nachts einen Bus zu fahren ist eine herrliche Sache. Der Mond scheint auf die dunklen Straßen der Stadt und Tausende von Sternen schimmern wie Perlen. Da ist es schade, wenn man alleine ist und niemanden hat, mit dem man über all das Schöne sprechen kann. Wenn du nur mitfahren könntest, WUSCHELKOPF! Den Busfahrschein bezahle ich dir gern! Ich habe auch einen netten kleinen Jungen, der Sixten heißt. Er freut sich ebenfalls darauf, dich kennen zu lernen. Schicke gern ein Foto. UND SCHREIB BALD, ICH WARTE.
Dein
BENNY ANTONSSON

Sixten liest den Brief mehrere Male und findet ihn jedes Mal besser. »Mensch, Jonte, du kannst aber gut schreiben!«, sagt er.

»Ach was«, lächelt Jonte. »Das war doch gar nichts.«

Und dann will er ein Gedicht vorlesen, das er geschrieben hat.

Aber vorher schreiben sie noch Papas Adresse auf den Briefbogen und stecken den Brief in einen Umschlag. Der Brief muss an die Zeitung geschickt werden. Und dann schickt die Zeitung ihn an WUSCHELKOPF weiter.

Sixten steht drüben neben dem Kiosk am Briefkasten. Er hält den Brief in der Hand. Als er ihn durch den Schlitz schiebt, kribbelt es im Bauch. Jetzt ist der Brief unterwegs!

Jetzt braucht er nur auf die Antwort zu warten. Wenn der Brief von WUSCHELKOPF kommt, wird Sixten Papa alles erzählen.

Sixten ist davon überzeugt, dass Papa lachen und sagen wird, genau das habe er sich schon immer gewünscht. Eine Frau namens WUSCHELKOPF!

Der Fahrradausflug

»Sixten!«, ruft Papa. »Streck den Arm aus, bevor du abbiegst!«

Sixten streckt den Arm aus.

Papa radelt direkt hinter ihm. Die ganze Zeit ruft er Sixten Sachen zu. Er ruft, dass Sixten nicht so weit auf die Straße hinausfahren soll. Oder dass er aufpassen soll, bevor er die Straße überquert.

Jederzeit kann ein Auto auftauchen und Sixten überfahren, dass das Blut nur so spritzt. Davon ist Papa überzeugt.

Dabei fahren sie nur auf Nebenstraßen. Doch das ist nur gut. Sixten will lieber niemandem begegnen, den er kennt. Er hat einen Fahrradhelm auf dem Kopf! Und er ist fast der Einzige in der ganzen Straße, der kein BMX-Rad hat.

Die Sonne scheint so warm, dass Sixtens Kopf unter seinem Helm ganz feucht wird. »Können wir nicht bald eine Pause machen?«, ruft er.

»Nur noch ein kurzes Stück!«, ruft Papa zurück.

Er hält erst an, als sie ein paar Kühe gefunden haben, die auf einem Grashang weiden.

»Hier!«, ruft Papa. »Das hier ist ein guter Platz!« Papa liebt Kühe. Er findet, dass sie so schöne Augen haben. Das ist auch der Grund, warum Papa und Sixten jetzt auf dem Grashang neben den Kühen sitzen.

»Na, ist das nicht schön hier?«, fragt Papa.

»Echt Spitze!«, sagt Sixten.

Papa deutet auf die Birken und die Kuhschwänze, die Sommerwolken und die Margeriten.

Und Sixten blättert in seinem Superman-Heft. Warum hat WUSCHELKOPF noch nicht geantwortet?

Vielleicht hat sie sich für einen anderen entschieden?

Jeden Tag hat Sixten an der Tür auf die Post gewartet. Eines Tages hat er die Post so rasch durch den Briefkastenschlitz hereingezogen, dass er die Hand des Briefträgers einklemmte. Der Briefträger schrie so laut auf, dass es im Treppenhaus hallte.

Inzwischen hat Sixten die Hoffnung fast aufgegeben.

»He, du, woran denkst du?«, will Papa wissen. Er hat die Tasche ausgepackt und alles im Gras aufgetischt. Die Thermoskanne mit Kakao. Und die Käsebrote und die Wurstbrote. Den Kakao hat er schon in die Becher einge- schenkt.

»Warum?«, sagt Sixten. »Ich denk doch an gar nichts.«

»Du siehst aber so aus, als würdest du das tun«, sagt Papa. »Geht's dir nicht gut?«

»Klar geht's mir gut«, sagt Sixten. »Ich hab mir bloß überlegt, ob du noch nie daran gedacht hast, wieder zu heiraten.«

»Heiraten?«

»Ja«, sagt Sixten. »Mama hat doch auch wieder geheiratet.«

Da sieht Papa zu den Kühen hinüber.

»Mama ... ja, die«, sagt er.

Dann schüttelt er den Kopf. Und packt Sixtens Kopf und schüttelt ihn ebenfalls. »Ach, mein Jungchen«, sagt er. »Darüber machst du dir also Gedanken? Keine Angst. Uns geht's doch gut, so wie es ist. Außer dir brauch ich niemanden.«

Er umarmt Sixten und kullert dann mit ihm

durchs Gras. Sie kullern und kullern, um zu zeigen, wie gut es ihnen geht. Sie kullern so lange,
bis Papa in einen Kuhfladen reinkullert.
Dann fahren sie nach Hause.
Und als sie die Wohnungstür aufmachen, liegt
der BRIEF da!

Papas Hemd

Sixten sieht sofort, dass es *der* Brief ist.

Die Adresse auf dem rosa Umschlag ist mit schönen, tanzenden Buchstaben geschrieben.

Papa merkt nichts. Er stürzt sofort ins Badezimmer, um sich zu waschen. Und um den hässlichen braunen Fleck aus seinem besten weißen Hemd herauszureiben.

Sixten steckt den Brief in die Tasche. Es hat keinen Sinn, ihn Papa jetzt zu zeigen.

Papa ist sauer, weil der Fleck nicht verschwinden will. »So kann ich es doch nicht lassen!«, seufzt er. »Und die elende Waschmaschine ist kaputt!«

»Ich kann das Hemd in die Reinigung bringen«, schlägt Sixten vor. Er will fort. Er will schnell zu Jonte, um ihm den Brief zu zeigen. Der Brief liegt in seiner Hosentasche und lässt sein Herz schneller klopfen.

Er wagt ihn nicht selbst zu öffnen.

Sixten rast zu seinem Fahrrad.

Papas Hemd bindet er an den langen Stecken

mit dem roten Wimpel, den Papa gekauft hat, damit die Autos Sixten auf seinem Fahrrad schon von weitem sehen.

Jetzt flattert das Hemd wie eine weiße Fahne mit einem braunen Fleck hinter ihm her und trocknet. Und Sixten strampelt eifrig drauflos, weil er so schnell wie möglich zur Reinigung will.

Plötzlich steht Bobbo da.

Er steht neben dem Kiosk und schleckt an einer Eistüte. Arne und Mikael Burfors essen ebenfalls Eis.

»He, du trübe Tasse!«, schreit Bobbo. »Was hast du da auf dem Fahrrad? Die Unterhose deiner Mutter, was?« Er zeigt auf das flatternde Hemd mit dem braunen Fleck.

Sixten fährt langsamer.

»Ja, genau«, ruft Arne. »Was hast du da, he?«

»Einen Kuhfladen!«, ruft Sixten genau in dem Augenblick, als er an ihnen vorbeifährt.

Und dann muss er sich mächtig beeilen, Bobbo wird nämlich ganz wild. Er fuchtelt mit den Armen, um Sixten zu erwischen, und rennt hinter dem Fahrrad her. Arne und

Mikael Burfors rennen ebenfalls hinter Sixten her.
Aber heute entwischt ihnen Sixten so leicht wie gar nichts.

Der Brief aus Karlskrona

»Donnerwetter!«, sagt Jonte. »Also hat sie doch geantwortet!«

Er hält sich den rosa Umschlag an die Nase. Der Umschlag riecht schon von weitem nach Parfüm. Und die Adresse ist mit roter Tinte geschrieben.

»Also gut, dann brauchen wir ihn jetzt ja nur aufzumachen«, sagt er.

Aber das machen sie dann doch nicht gleich. Vorher müssen sie ein paar Gläser Erdbeersaft trinken. Und Sixten muss noch aufs Klo.

Dann endlich öffnen sie den Umschlag.

Und das steht in dem Brief:

Lieber Benny!

Vielen Dank für den Brief. Ich habe mich sehr gefreut, als ich ihn bekam. Ein Foto von mir selbst habe ich leider nicht gefunden. Es wäre doch sowieso besser, wenn wir uns treffen und direkt anschauen können. In deinem Nachtbus würde ich gern mitfahren. Daher nehme ich den Busfahrschein dan-

kend an. Ich wohne in Karlskrona, habe aber bald
Urlaub. Vielleicht können wir uns dann sehen? Du
schreibst, dass du einen Sohn hast. Ich selbst habe
eine Tochter. Sie heißt Jenny und ist zehn Jahre alt.
Wenn wir uns gut verstehen, hoffe ich, dass die bei-
den Kinder das auch tun werden.
Wenn du immer noch interessiert bist, ruf doch an,
damit wir ausmachen können, wie und wann wir
uns treffen sollen. Ich beantworte deinen Brief vor
allem deshalb, weil das, was du geschrieben hast,
mich schon zum Lachen gebracht hat. Also bist du
wahrscheinlich verrückt genug.
Siv Larsson WUSCHELKOPF

Und unter dem Namen steht die Telefonnummer.
Nachdem sie den Brief gelesen haben, schwei-
gen sie erst mal ein Weilchen. Sixten überlegt,
was WUSCHELKOPF wohl von Papa halten
wird.
Besonders verrückt ist er ja nicht gerade.
»Mir scheint, du kriegst auch noch eine Schwester«, sagt Jonte.
»Eine Schwester?«

»Klar«, sagt Jonte. »Ihre Tochter. Jetzt musst du nur noch mit deinem Vater reden. Damit er anruft.«

»Das wird er nie tun«, sagt Sixten.

»Mal abwarten«, sagt Jonte. »Mir wird schon was einfallen.«

Es ist schon spät, als Sixten heimkommt.
Papa hat sich Sorgen gemacht und geglaubt, dass Sixten überfahren worden ist.

Papas Anruf

Kaffeetassen und Saftgläser stehen auf dem Küchentisch. Und neben dem Kaktus steht ein Teller mit Gebäck, das Jonte mitgebracht hat.

Eine Schallplattenhülle liegt auch dort. Direkt unter der Küchenlampe.

Auf der Hülle ist *Madonna* zu sehen, mit Strubbelhaaren, großen Ohrringen und vielen Armbändern. Und außerdem hat sie ein Brautkleid an.

»Nanu!«, sagt Papa, als er hereinkommt. »Habt ihr etwa Kaffee gekocht?«

»Wir dachten uns, dass du vielleicht Lust auf eine Tasse haben würdest«, erklärt Sixten.

»Ja, da habt ihr Recht«, sagt Papa und setzt sich an den Tisch. Er ist ausgesprochen gut aufgelegt.

Es dauert ziemlich lange, bis er *Madonna* entdeckt. Aber schließlich tut er es doch. Genau wie Jonte es vorhergesagt hat.

»Was ist denn das?«, fragt er.

»Nichts Besonderes«, sagt Jonte. »Eine Frau halt.«

»Ja, das sehe ich«, sagt Papa.

Jonte trinkt noch rasch einen Schluck Saft. Dann zeigt er auf *Madonna.*

»Ist sie nicht schön?«, fragt er.

Für Jonte ist Madonna die Allerschönste.

»Es geht so«, sagt Papa.

»Dann hättest du also nichts dagegen, mit ihr zusammenzuwohnen?«, fragt Sixten.

»Was?«, fragt Papa.

»Aber das Wichtigste ist eigentlich gar nicht, wie sie aussieht«, sagt Jonte. »Das Wichtigste ist doch, dass man einen anderen Erwachsenen hat, mit dem man sich unterhalten kann.«

»Jemanden, mit dem man tanzen kann«, sagt Sixten.

»Und mit dem man lachen kann«, fügt Jonte hinzu.

Da schüttelt Papa den Kopf.

»Wovon redet ihr überhaupt?«, fragt er und trinkt seinen Kaffee aus.

»Wir dachten, dass du vielleicht anrufen könntest«, sagt Jonte. Bevor er dazu kommt, mehr zu sagen, tritt Sixten ihn unterm Tisch gegen das Schienbein. Er weiß, dass Papa nicht anrufen wird. Und er hat keine Lust, ihm die ganze Geschichte zu erzählen. Dann würde Papa sich nur Sorgen machen.

»Anrufen?«, fragt Papa. »Wen denn anrufen?«

»Jemanden, der die Waschmaschine reparieren kann«, sagt Sixten rasch, bevor Jonte dazwischenfunken kann.

Und Papa stellt die Tasse ab. »Ja, das ist eine gute Idee«, sagt er. »Das werd ich jetzt gleich tun!«

Und tatsächlich! Im Telefonbuch sucht er die Anzeigen von Firmen für Waschmaschinenreparaturen, wählt eine aus und ruft gleich dort an. Er hat das Telefon mit hinausgenommen, weil er es nicht leiden kann, wenn man ihm beim Telefonieren zuhört.

»Ja, natürlich«, sagt er. »Gut. Das passt ausgezeichnet.«

Beim Telefonieren hat er dieselbe Stimme, wie wenn er die Haltestellen im Bus ausruft.

Jontes Anruf

Jonte und Sixten bleiben in der Küche sitzen, nachdem Papa gegangen ist. Den rosa Brief hat Jonte noch in der Tasche, und die Schokoladenkekse stehen unberührt auf dem Tisch.

»Du hast Recht gehabt mit deinem Vater«, sagt Jonte.

Sixten nickt. »Das macht nichts«, sagt er.

»Nein«, sagt Jonte. »Jetzt müssen wir eben selbst anrufen.«

Er hat das Telefon schon zu sich herangezogen. Und den Brief mit der Telefonnummer hat er vor sich liegen.

»Du spinnst ja!«, sagt Sixten. »Sie hört doch sofort, dass du nicht Papa bist!«

»Keine Spur«, widerspricht Jonte. »Ich kneif mir einfach die Nase zu. So. Dann hört kein Mensch, dass ich das bin.«

Er hat seinen Finger schon in die Wählscheibe gesteckt. Jonte ist wirklich ein prima Freund.

»Hallo!«, sagt Jonte mit seiner neuen Stimme. »Ich bin's. Benny, du weißt schon. Vielen Dank

für den Brief. Ein echt wundervoller Brief. Sehr
gut geschrieben.«
Jonte schweigt eine Zeit lang, wahrscheinlich,
weil WUSCHELKOPF spricht.

»So, klinge ich komisch?«, sagt er dann. »Das ist nur der Hals. Ich hab mir eine kleine Stimmbandentzündung geholt.« Er krächzt kurz in den Hörer. Dann schweigt er wieder.

»Ja, ich würde dich sehr gern treffen«, sagt er schließlich. »Komm doch einfach mal her. Und bring ruhig dein Töchterchen mit. Sixten freut sich schon sehr darauf, sie kennen zu lernen.« Er grinst Sixten vergnügt an.

»Freut mich, das zu hören«, sagt Jonte. »Klar, du kannst gern hier wohnen. Das macht gar keine Mühe.« Dann entsteht wieder eine kleine Pause.

»Gut, also bleiben wir dabei«, sagt er. »Du hast ja die Adresse. Jetzt muss ich meinen Hals schonen. Schönen Gruß an Jenny, Küsschen!« Er beendet das Gespräch mit einem krächzenden Husten.

Dann legt er den Hörer auf.

Seine Nase ist ganz rot.

»Sie kommt am Freitag«, sagt er. »Gegen vier. Und ihr *Töchterchen* bringt sie mit.«

Eine Dame mit Kuhaugen

Am Freitag hat Papa eine zusätzliche Tour zu fahren. Deshalb können Sixten und Jonte in aller Ruhe aufräumen. Sie waschen die Schranktüren ab und staubsaugen. Und Sixten entfernt das Hochzeitsfoto von Mama und Papa und hängt stattdessen Papas alte Boxhandschuhe übers Sofa. Die Wohnung wird sehr schön.

Anschließend gehen sie zum Supermarkt und kaufen ein. Sie kaufen ein fertiges Brathähnchen, Gemüse, Apfelsaft und eine große Tüte Geleehimbeeren, die Papa besonders liebt. Und Eva-Lisa an der Kasse schreibt alles für sie an. Sie kennt Sixten. Als Papa heimkommt, ist alles fertig.

Er kommt um Viertel vor vier. Und da steht das Hähnchen schon zum Aufwärmen im Backofen. Und die Kartoffeln kochen auf dem Herd.

Aber Papa merkt nichts. »Herrgott, was für ein Tag«, sagt er nur.

Und dann will er ins Badezimmer verschwinden, um zu duschen. Das will er immer, wenn er von der Arbeit nach Hause kommt.

»Papa«, sagt Sixten. »Es gibt was, das wir dir vielleicht sagen sollten.«

»Etwas sehr Dringendes«, fügt Jonte hinzu.

Aber Papa geht einfach weiter ins Badezimmer.

»Darüber reden wir nachher«, sagt er. »Jetzt muss ich duschen!«

Als es an der Tür klingelt, duscht Papa immer noch. »Ich mach auf!«, schreit er und stürzt in den Flur. Seine Haare sind nass und er hat seinen alten Boxermantel an. »Da kommt jemand, der die Waschmaschine reparieren soll«, brüllt er, als er an Sixten und Jonte vorbeirennt. »Auweia, das hab ich doch fast vergessen!«

Er ist schon an der Tür, bevor sie überhaupt etwas sagen können.

Dann reißt er die Tür weit auf.

Und bleibt verdattert stehen.

Vor ihm steht eine Dame in Jeans mit einem wuscheligen Lockenkopf. An der einen Hand hält sie ein kleines Mädchen und in der anderen einen großen Koffer.

»Da bin ich«, sagt sie.

Sie lächelt ihn an und mustert seine nassen Haare, den Boxermantel und die haarigen Beine, die darunter hervorschauen.

»Entschuldigung«, sagt Papa.

»Darf ich reinkommen?«, fragt sie.

»Entschuldigung«, sagt Papa noch einmal. »Ich habe jemanden anderes erwartet. Ich rief auf eine Anzeige hin an. Und da hab ich geglaubt, Sie wären die Person von der Anzeige.«

»Das bin ich auch«, sagt die Dame.

»Ach so«, sagt Papa. »Ja, dann, kommen Sie doch bitte herein! Sie sind auf jeden Fall heiß ersehnt.«

»Das hör ich gern«, sagt die Dame.

Sie guckt Papa an und sieht dabei aus, als fände sie ihn ganz hinreißend verrückt. Und das scheint er im Moment ja auch zu sein.

»Ist das Mädchen Ihre Tochter?«, fragt er und nickt zu dem Mädchen hin.

»Ja, natürlich«, sagt die Dame. »Das ist Jenny. Und wo hast du Sixten?«

Da wird Papa noch verwirrter. »Kennen Sie ihn etwa?«, fragt er.

»Nein«, kichert die Dame. »Aber ich hoffe, dass ich das bald tun werde.«

»Aha«, sagt Papa. »Gut, dann wollen wir mal rübergehen.«

»Rübergehen?«, fragt die Dame.

»Ja«, sagt Papa. »Ich werd Ihnen die Maschine zeigen.«

Er nimmt den großen Koffer und trägt ihn zum Badezimmer.

»Halt!«, sagt die Dame. »Wohin willst du?«

»Zur Waschmaschine natürlich«, sagt Papa. »Hoffentlich können Sie sie reparieren. Sie ist jetzt schon eine wahre Ewigkeit kaputt.«

»Ich?«, fragt die Dame.

»Ja, klar«, sagt Papa.

Einen Augenblick lang bleibt er stehen und sieht in die großen braunen Augen der Dame. Dabei hat er denselben Gesichtsausdruck, wie wenn er Kühe anschaut.

»Jemanden wie Sie hatte ich gar nicht erwartet«, sagt er dann.

»Tatsächlich?«, sagt die Dame. »Was hattest du dir denn vorgestellt?«

»Na ja«, sagt er. »Jemanden in einem alten Overall oder so. Und wenn ich ehrlich sein soll, hatte ich eigentlich einen Mann erwartet.«

»Einen Mann?«, lacht die Dame.

»Ja«, sagt Papa. »Aber das ist egal. Kommen Sie jetzt mit.«

Er wickelt sich noch fester in seinen Boxermantel.
Und die Dame kommt lachend hinterher.

Verrückter als vermutet

Jenny sitzt mit Sixten und Jonte in der Küche. Sie hat genauso wuschelige Haare und genauso braune Augen wie ihre Mutter. Sie erzählt den beiden von Karlskrona.

Und Jonte hört ihr zu, als hätte er noch nie so was Aufregendes gehört. Vielleicht hat er vor ein Gedicht über Karlskrona zu schreiben.

Ab und zu kommt Papa in die Küche und holt neues Werkzeug aus der Schublade.

»Dein Vater scheint in Ordnung zu sein«, sagt Jenny zu Sixten.

»Deine Mutter auch«, sagt Sixten.

Und im selben Augenblick ertönt ein fürchterliches Poltern aus dem Badezimmer.

Das ist die Waschmaschine, die wieder in Gang gekommen ist.

Sie läuft, dass der Boden zittert. Die Gläser auf dme Couchtisch klirren. Und die Boxhandschuhe über dem Sofa schaukeln hin und her.

Dann ertönt ein brausendes Geräusch, wie wenn Papa duscht.

Sixten, Jonte und Jenny rennen zum Badezimmer.

Dort stehen Sixtens Papa und Jennys Mama über die hüpfende Waschmaschine gebeugt. Aus einem losen Schlauch spritzt schäumendes Wasser heraus. Es spritzt an die Wände und an die Decke. Und es spritzt auf Jennys Mama und Sixtens Papa.

Und Jennys Mama lacht so sehr, dass sie sich an Papa anlehnen muss.

»Ach Gott, ach Gott«, stöhnt sie. »Auauauau!«

Und Papa lacht beinahe genauso sehr.

Schließlich findet Jonte den Knopf zum Abschalten. Da sieht Papa fast enttäuscht aus.

»Sie hat die Maschine repariert«, sagt er. »Sie hat sie tatsächlich in Gang gebracht. Jetzt fehlen nur noch ein paar Kleinigkeiten.«

»Vielleicht wäre es besser, wenn ihr die dem Monteur überlasst?«, schlägt Sixten vor.

»Dem Monteur?«, fragt Papa.

Bald danach sitzen alle am Tisch.

Das Hähnchen ist inzwischen heiß. Die Kartoffeln dampfen in der Schüssel. Und die Kerzen sind schon fast heruntergebrannt.

WUSCHELKOPF sitzt neben Papa. Sie hat ein rotes Kleid an, das sie aus dem Koffer geholt hat. Und Papa hat sein weißes Hemd angezogen.

Nach einer Weile beginnt WUSCHELKOPF zu erzählen. Sie erzählt von ihrer Anzeige. Und von dem Brief, den Papa ihr geschrieben hat – wie sie glaubt. Und davon, wie sehr sie darüber gelacht hat. »Aber du bist wahrscheinlich noch verrückter, als ich vermutete«, sagt sie und lächelt Papa an.

Da sieht Papa Sixten und Jonte an. Zuerst scheint es, als wollte er etwas sagen.

Doch dann lächelt er ebenfalls und blickt in WUSCHELKOPFS große, schöne Kuhaugen.

»Wer weiß, vielleicht«, sagt er.

Und morgen dürfen sie ihn alle in seinem Bus durch das nächtliche Stockholm begleiten – wenn der Mond auf die dunklen Straßen der Stadt scheint und Tausende von Sternen wie Perlen schimmern.